Sports Illustrated KIDS

TOUCHDOWNS y FIESTAS PREVIAS AL PARTIDO

Entre bastidores del día del partido de fútbol americano

de Martin Driscoll

CAPSTONE PRESS
a capstone imprint

Publicado por Spark, una impresión de Capstone
1710 Roe Crest Drive, North Mankato, Minnesota 56003
capstonepub.com

Los datos de catalogación en publicación de la Biblioteca del Congreso están disponibles en el sitio web de la Biblioteca del Congreso.

ISBN: 9781669089971 (tapa dura)
ISBN: 9781669089926 (rústica)
ISBN: 9781669089933 (libro electrónico PDF)

Resumen: ¿Crees que el fútbol americano profesional comienza con el saque inicial? ¡Piensa otra vez! En este libro de Sports Illustrated Kids, irás detrás de escena de un típico día de juego en el fútbol americano profesional, desde la fiesta previa al partido y la preparación de balones hasta los espectáculos de medio tiempo y las entrevistas posteriores al juego. Este libro trepidante y lleno de datos brindará a los aficionados del fútbol americano de todas las edades una nueva perspectiva sobre este juego estadounidense.

Créditos editoriales
Editor: Donald Lemke; Diseñadora: Tracy Davies; Investigadora de medios: Svetlana Zhurkin; Especialista en producción: Katy LaVigne

Traducido al idioma español por U.S. Translation Company

Créditos de las imágenes
Alamy: Cal Sport Media/Charles Baus, 13, UPI/John Angelillo, 11; Associated Press: Ben Liebenberg, 8, James D. Smith, 19, Jim Mahoney, 7, Logan Bowles, 21; Getty Images: Bryan M. Bennet, 14, David Eulitt, 26, Dziurek, portada (abajo en medio), Frederick Breedon, 25, Jamie Squire, 9, John Grieshop, 17, Julio Aguilar, 5, Katelyn Mulcahy, 16, Kevin Hoffman, 15, Ronald Martínez, 24, San Francisco 49ers/Michael Zagaris, 18, 23, 27, Stacy Revere, 4, The Boston Globe/Jim Davis, 6, Thomas Barwick, portada (abajo a la derecha), Todd Kirkland, 12, Tom Pennington, 10; Newscom: Icon Sportswire/ Kiyoshi Mio, 22; Shutterstock: Elena Veselova, 29 (atrás), M. Budniak, 29 (abajo), Mtsaride, portada (arriba a la derecha), 1, 29 (recuadro, abajo), Ron Dale (fondo), portada, contraportada, Sean Locke Photography, portada (abajo a la izquierda), winui, portada (arriba); Sports Illustrated: Erick W. Rasco, 20

Printed in the United States 6792

TABLA DE CONTENIDO

Diversión en el día del partido 4

Preparándose.................................... 6

Hora de inicio 10

Velocidad y habilidad..................... 14

Hora de la verdad 22

Planifica tu día de juego 28

Glosario...30

Acerca del autor 31

Índice 32

Las palabras en **negritas** están en el glosario.

DIVERSIÓN EN EL DÍA DEL PARTIDO

No hay nada mejor que un partido de fútbol americano en un día de otoño. Y nada supera a la Liga Nacional de Fútbol Americano / National Football League (NFL) en cuanto a emoción. Los mejores equipos de fútbol americano del mundo compiten en la NFL.

Los aficionados aplauden en el estadio Raymond James en Tampa, Florida.

Miles de fanáticos llenan los **estadios** de la NFL cada semana. Millones de aficionados más ven la acción por televisión. Apoyan a sus equipos favoritos.

PREPARÁNDOSE

El estadio se llena antes de que comience el partido. El personal de campo prepara el campo. Usan pintura blanca para hacer las líneas de las yardas en el campo. Pintan las **zonas de anotación** con los colores del equipo local.

El personal de campo pinta el logo de los New England Patriots en el campo.

El personal de campo de los Miami Dolphins corta el césped del campo antes de un juego.

Hay 32 equipos en la NFL. Dieciséis estadios de la NFL tienen césped real. Los demás tienen **césped artificial**.

HECHO

El estadio MetLife Stadium de Nueva Jersey es el estadio más grande de la NFL. Tiene cabida para 82 mil 500 aficionados. Los New York Giants y los New York Jets juegan allí sus partidos en casa.

Los jugadores llegan al estadio unas horas antes del partido. Se dirigen al vestuario. Se ponen sus protectores y uniformes.

El vestuario de los Cincinnati Bengals

HECHO

Los pateadores llegan temprano al campo. Requieren muchas patadas de práctica. En los estadios al aire libre quieren acostumbrarse al viento y al clima.

El mariscal de campo de los Kansas City Chiefs, Patrick Mahomes, en el calentamiento

Algunos se estiran y trotan como forma de calentamiento para el juego. Otros jugadores esperan ayuda de los técnicos del equipo. Los técnicos vendan tobillos, rodillas y muñecas. Esto ayuda a **prevenir** lesiones.

HORA DE INICIO

La hora del juego está cerca. El estadio está lleno. El equipo local espera en un túnel entre el vestuario y el campo.

Las porristas se alinean en el campo. Realizan una **rutina** de baile. La multitud ruge mientras su equipo sale corriendo del túnel.

Jugadores del equipo Los Angeles Rams salen al campo.

El juego comienza con un lanzamiento de moneda. Los capitanes de ambos equipos se reúnen en el **centro del campo**.El árbitro o un invitado especial lanza la moneda.

Un capitán del equipo visitante debe llamar "cara" o "cruz". Si acierta, elige qué equipo recibe primero el balón.

La leyenda del tenis Billie Jean King lanza la moneda antes del partido del Super Bowl de 2022.

HECHO

El árbitro es uno de los siete oficiales en el campo de los juegos de la NFL.

VELOCIDAD Y HABILIDAD

El fútbol americano es un juego de velocidad, habilidad y fuerza. Un pase largo requiere todas esas cosas. El receptor abierto debe ser rápido para llegar a estar abierto. El mariscal de campo debe ser hábil y fuerte para realizar un tiro perfecto.

El receptor abierto de los Buffalo Bills, Stefon Diggs, se lanza para anotar.

HECHO

En 2021, el mariscal de campo de los Browns, Baker Mayfield, lanzó un pase de touchdown que estableció un récord de la NFL. El balón estuvo en el aire por más de 66 yardas. Ningún jugador había completado jamás un pase que viajara tan lejos en el aire.

Los jugadores en la defensa también deben tener velocidad, fuerza y habilidad. Los linieros suelen ser los jugadores más importantes en la defensa. Los apoyadores deben ser rápidos para atrapar a los **portadores del balón**.

Jalen Ramsey, del equipo Los Angeles Rams, aborda a un jugador de los Arizona Cardinals.

Justin Simmons, jugador defensivo de los Denver Broncos

También deben ser lo suficientemente fuertes para enfrentarse y aplacar a los corredores. Los backs defensivos deben ser lo suficientemente rápidos para seguir el ritmo de los receptores. También necesitan grandes habilidades para desbaratar las jugadas de pase.

Cada equipo de la NFL tiene 46 jugadores uniformados para cada partido. Sólo 11 de ellos están en el campo. El resto espera al margen.

La banca es un lugar concurrido. Los jugadores usan tabletas para ver las repeticiones del juego. Esto les ayuda a comprender la **estrategia** del otro equipo.

Los entrenadores asistentes dan instrucciones a los jugadores. Otros miembros del personal ayudan a los jugadores con lesiones y equipamiento.

HECHO

El entrenador en jefe Sean McVay llevó a los L.A. Rams a un gran éxito en 2021. Su equipo ganó el Super Bowl / Súper Tazón. McVay contó con la ayuda de más de 20 entrenadores asistentes.

En los partidos de la NFL suceden muchas cosas que los aficionados nunca ven. En la sala de control, un equipo de trabajadores monta un espectáculo para la multitud. Estas personas manejan las luces, el video y la música en el estadio.

Deciden cuándo poner la música a todo volumen para animar a la multitud. También deciden cuándo mostrar las repeticiones en la pantalla grande.

HORA DE LA VERDAD

El medio tiempo da a los jugadores la oportunidad de descansar. Regresan al vestuario. Podrían agarrar una barrita energética para comer. Es posible que visiten al técnico para que les venda la muñeca o el tobillo.

Los entrenadores están ocupados en el medio tiempo. El entrenador en jefe se reúne con sus asistentes. Luego el entrenador en jefe habla con el equipo.

HECHO

El medio tiempo en un juego de la NFL dura solo 13 minutos.

Imagina que estás en un partido de la NFL. El marcador está cerrado en el último cuarto. Un gol de campo podría darle la victoria a tu equipo. El pateador entra al campo.

El pateador de Los Ángeles Rams, Matt Gay (8)

El pateador de los Minnesota Vikings, Daniel Carlson, intenta patear un gol de campo.

La mayoría de los jugadores de la NFL son grandes y poderosos. A menudo, el pateador es el jugador más pequeño del campo. Pero tiene una gran habilidad. Puede patear un balón de fútbol americano a gran distancia.

HECHO

Los postes de meta de la NFL deben estar a 18,5 pies (5,6 metros) de distancia. La barra transversal debe estar a 10 pies (3,05 m) del suelo. Los postes deben tener 35 pies (10,7 m) de altura.

El fútbol es un deporte rudo. Los jugadores profesionales luchan durante 60 minutos en cada partido. Cuando se acaba el tiempo, la lucha termina. Los jugadores se dan la mano.

De vuelta en el vestuario, los ganadores pueden celebrar. Los perdedores pueden discutir qué salió mal. Pronto todos seguirán adelante. Falta sólo una semana para el próximo día de juego.

PLANIFICA TU DÍA DE JUEGO

En muchos estadios de la NFL, los aficionados organizan fiestas en el estacionamiento. Llegan temprano. Traen sillas de jardín y parrillas de carbón. Y se divierten con familiares y amigos.

Puedes tener una fiesta en tu patio trasero.

- Invita a algunos amigos a ver el partido.
- Pídeles a tus padres que cocinen hamburguesas y perros calientes.
- Ten las papas fritas y los refrescos listos para compartir.
- Prepara lo necesario para un lanzamiento de bolsas de frijoles y otros juegos de patio.
- Entren en la casa a la hora del partido y observen la acción.
- En el entretiempo, sal al aire libre para disfrutar de un partido rápido de fútbol de toque.

GLOSARIO

centro del campo (CEN-tro del CAM-po)—la parte del campo de juego que se encuentra a medio camino entre las metas

césped artificial (CÉS-ped ar-ti-fi-CIAL)—un material de fabricación humana que se utiliza en lugar del césped natural

estadio (es-TA-dio)—un edificio grande, generalmente sin techo, con filas de asientos para los espectadores en eventos deportivos modernos

estrategia (es-tra-TE-gia)—un plan cuidadoso utilizado en un partido u otra competición

portador del balón (por-ta-DOR del ba-LÓN)—un jugador de fútbol americano que lleva el balón en ataque

prevenir (pre-ven-IR)—evitar que suceda

rutina (ru-TI-na)—unos movimientos que se elaboran cuidadosamente para que puedan repetirse con frecuencia

zona de anotación (ZO-na de a-no-ta-CIÓN)—el área más allá de la línea de gol en cada extremo de un campo de fútbol americano

ÍNDICE

aficionados, 5, 10, 14, 20, 25

calentamientos, 9

entrenadores, 19, 23, 26
estadio, 5, 6, 7, 20

lanzamiento de moneda, 12
Liga Nacional de Fútbol Americano, 4

mariscal de campo, 14
medio tiempo, 22–23

personal de campo, 6

sala de control, 20-21

vestuario, 8, 10, 22, 27

ACERCA DEL AUTOR

Martin Driscoll es un ex reportero de un periódico y editor de libros para niños desde hace mucho tiempo. También es autor de varios libros de deportes para niños, incluidas biografías de estrellas legendarias del boxeo, el béisbol y el baloncesto. Driscoll vive en el sur de Minnesota con su esposa y sus dos hijos.